L'ARGENT DANS LA TÊTE

7 bugs invisibles qui sabotent vos décisions d'argent, et comment les neutraliser en 30 jours

Ed Merid

Table des matières

Avant-propos

Si tu es fauché, ce n'est pas ta faute. Mais maintenant, c'est ton problème.

Ton cerveau n'est pas programmé pour gérer l'argent : il pense à survivre, pas à choisir entre craquer ou investir. Tu crois décider. En réalité, tes réflexes invisibles sabotent tes choix avant même le moindre paiement.

Tu as bossé dur, mais sans vrai résultat. Tu as économisé, puis tout dépensé d'un coup. Tu as fait la mauvaise opération financière, sachant qu'elle était désastreuse, et pourtant tu as continué. Ce n'est pas une faiblesse : c'est un bug.

L'argent ne dépend pas juste de ce que tu gagnes, mais surtout du logiciel avec lequel ton cerveau traite chaque décision. Aujourd'hui, ce logiciel est dépassé.

Ce livre, c'est ton manuel de débogage mental. Ici, tu vas traquer les 7 bugs invisibles qui ruinent tes décisions. Tu vas apprendre à les désactiver avec un plan simple et reprendre le contrôle en 30 jours.

Ton argent n'est pas une question de chance, c'est une question de système. Modifier le système, c'est changer tes résultats.

Ce n'était pas un problème d'argent. Juste un problème de cerveau. Maintenant, on corrige ça.

Introduction

Ton cerveau est piraté. Sans même t'en rendre compte.

Avant de dégainer ta carte bleue, la partie est déjà truquée. Un bug invisible a pris le contrôle et décide pour toi. Il te fait croire que tu as besoin de ce produit, que c'est "l'occasion à ne pas rater", que tu récupéreras plus tard… mais, au fond, tu sais que ce n'est pas vrai.

Tu bosses dur, tu encaisses ton salaire… et, chaque mois, tu te demandes : où est passé ton argent ?

Ce n'est pas ta faute. Ton cerveau n'a pas été conçu pour gérer un compte en banque ou des placements. Il s'est arrêté à l'ère de la chasse au mammouth. Résultat : tu es programmé à prendre, encore et encore, de mauvaises décisions d'argent.

Ce ne sont pas tes choix. Ce sont 7 bugs invisibles qui sabotent ton avenir financier.

Ils te poussent à acheter sous pression, à céder au plaisir immédiat, à copier les autres, à avoir peur de perdre, à rester coincé dans des erreurs toxiques. Ces bugs travaillent dans l'ombre. Et chaque euro qui fuit est une preuve.

Ce livre n'est pas une théorie. C'est une cure.

Ici, tu vas démasquer les bugs qui te contrôlent. Tu vas les désarmer, un à un, grâce à des exercices simples et rapides. Et tu vas enfin reprendre la main sur tes décisions d'argent, en 30 jours chrono.

Pas demain. Pas plus tard. Maintenant.

Lis la suite. Après ces pages, tu ne verras plus tes choix financiers de la même façon. Quand ton logiciel mental sera reprogrammé, chaque euro gagné, chaque euro dépensé te rapprochera de la liberté et du contrôle.

Tourne la page.

La vraie question, ce n'est pas "combien tu gagnes".

C'est : combien de temps encore tu acceptes de te faire pirater ?

Partie I : La carte des bugs

Avant même de parler d'épargne, d'investissements ou de dettes, il faut que tu comprennes une chose. Tes problèmes d'argent ne commencent pas dans ton portefeuille, ils commencent dans ta tête.

Ton cerveau n'a pas évolué pour gérer des cartes bancaires, des crédits ou des applis de trading. Il a été conçu pour réagir vite, stocker de l'énergie, éviter les dangers immédiats. Autrement dit, ton cerveau fonctionne comme si tu vivais encore dans une grotte. Sauf qu'aujourd'hui, cette programmation archaïque est ton pire ennemi financier.

Chaque fois que tu hésites entre économiser et dépenser, une bataille invisible se joue. Ton instinct primitif pousse vers le plaisir instantané. Ton esprit rationnel essaie de dire non. Et neuf fois sur dix, c'est l'instinct qui gagne. Résultat : tu dépenses trop, tu investis mal, tu repousses les bonnes décisions.

Cette première partie est là pour te donner la carte. Si tu veux corriger ton logiciel mental, tu dois d'abord voir où sont les failles. C'est comme un débogage. Tu repères le bug, tu comprends son effet, et tu le neutralises.

Dans les pages qui suivent, tu vas découvrir pourquoi ton cerveau est un mauvais banquier. Tu verras comment il sabote tes choix sans que tu t'en rendes compte. Puis tu apprendras une méthode simple, PATCH, qui va devenir ton outil de reprogrammation.

À partir de là, chaque bug aura une solution concrète. Et tu pourras, pour la première fois, reprendre le contrôle de tes décisions d'argent.

Tourne la page. Tu vas enfin comprendre pourquoi ton cerveau te joue contre toi… et comment l'obliger à travailler pour toi.

Chapitre 1 : Le cerveau est un mauvais banquier

Tu crois prendre des décisions rationnelles avec ton argent. Tu penses que tu compares les prix, que tu évalues les risques, que tu choisis la meilleure option. La vérité est différente. La plupart de tes décisions financières sont prises avant même que tu en aies conscience.

C'est ce que démontre un champ de recherche fascinant appelé la neurofinance. En fusionnant psychologie, neurosciences et finance, les chercheurs ont confirmé ce que tu ressens intuitivement : ton cerveau n'a pas été conçu pour gérer des comptes bancaires, des cartes de crédit ou des placements. Il est né pour une autre époque. Il était parfait pour la survie dans la savane, pas pour choisir entre épargner, investir ou consommer.

Imagine ton ancêtre face à un fruit mûr. Il devait décider vite : manger maintenant ou risquer de mourir de faim plus tard. Le court-terme gagnait toujours. Ce réflexe a été transmis. Il est encore là aujourd'hui.

Résultat, tu es câblé pour rechercher le plaisir immédiat et fuir la douleur. Tu dépenses pour te récompenser, tu repousses les choix difficiles, tu évites de regarder ton compte quand tu sais qu'il est dans le rouge. Ton cerveau croit te protéger, mais il te piège.

Les entreprises le savent. Elles jouent avec ces réflexes. Les soldes, les offres limitées, les notifications de ton appli bancaire… tout est conçu pour déclencher tes instincts primitifs. Rare, urgent, social : ces signaux réveillent ton cerveau reptilien. Et toi, tu obéis.

Regarde un exemple simple. Tu as 20 euros en poche. Tu veux économiser. Mais ton ami te propose une sortie. Ton cerveau ne calcule pas le long terme. Il réagit : plaisir immédiat, appartenance au groupe, peur de manquer. Tu dépenses. Plus tard, tu regrettes. Mais la décision était déjà prise.

Ce n'est pas une question de volonté. C'est un problème de logiciel. Ton cerveau agit avec un programme vieux de milliers d'années. Tu vis dans le présent comme si demain n'existait pas. Et c'est ainsi que tu prends, encore et encore, de mauvaises décisions financières.

La bonne nouvelle, c'est qu'un logiciel peut se corriger. Un bug peut se neutraliser. Tu n'as pas besoin de changer qui tu es. Tu dois apprendre à voir ces réflexes, à les anticiper, à installer de nouveaux comportements.

C'est exactement ce que tu vas faire dans les prochains chapitres. Tu vas découvrir la carte des bugs qui sabotent ton argent. Puis tu apprendras à les neutraliser avec un plan clair.

Ton cerveau est un mauvais banquier. Mais avec la bonne méthode, il peut devenir ton meilleur allié.

Chapitre 2 : La méthode PATCH

Ton kit de débogage mental en 30 jours

Ton cerveau bugue. Tu le sais maintenant. La bonne nouvelle, c'est qu'il existe une solution. Tout bug peut être neutralisé si tu disposes d'un système simple, clair et applicable dans la vraie vie. Ce système, je l'ai nommé **PATCH**.

PATCH, c'est ton kit de débogage mental. Cinq lettres, cinq réflexes. Faciles à retenir, faciles à appliquer, mais redoutablement efficaces. Imagine-les comme les lignes de code qui vont corriger ton logiciel intérieur. Chaque jour, chaque décision financière, tu pourras les activer.

Avant d'entrer dans les détails, retiens ceci : sans méthode, ton cerveau reprend toujours le dessus. Avec PATCH, tu reprends le contrôle.

P comme Prendre conscience

Le premier pas, c'est de voir ce qui se joue en toi. Tant que tu ignores le bug, tu continues à l'exécuter en boucle.

Ton cerveau adore l'autopilote. C'est pratique quand tu conduis, mais catastrophique quand il s'agit de ton argent. Tu achètes sans réfléchir, tu dépenses sans calculer, tu craques pour un plaisir instantané qui t'éloigne de tes objectifs.

Exemple concret :

Tu passes devant une boutique. Ton regard s'accroche à une paire de chaussures. Ton cerveau t'envoie un signal : "Tu en as besoin. Achète."

Avant, tu aurais suivi ce réflexe sans réfléchir. Avec PATCH, tu t'arrêtes et tu poses cette question :

"Est-ce une envie immédiate, ou un vrai besoin ?"

Ce simple arrêt casse l'autopilote. Tu viens de prendre conscience. Tu as attrapé ton cerveau en flagrant délit.

Sans cette étape, rien n'est possible. La conscience est la lumière qui révèle le bug.

A comme Agir vite

Repérer le bug ne suffit pas. Si tu n'agis pas tout de suite, tu retombes dans l'ancien programme. Le temps joue contre toi. Ton cerveau sait être persuasif.

Agir vite, c'est couper le signal avant qu'il ne se transforme en action.

Exemple concret :

Tu es en train de remplir ton panier en ligne. Tu réalises que tu n'as pas besoin de ces articles. Tu fermes immédiatement l'onglet. Tu ne laisses pas ton cerveau te convaincre de cliquer sur "payer plus tard".

Ce geste paraît minime, mais c'est une victoire. Chaque action rapide envoie un nouveau message à ton cerveau : "Je reprends le contrôle."

Ne sous-estime pas la puissance de ces micro-décisions. Elles t'empêchent de perdre des centaines, parfois des milliers d'euros.

T comme Tester

Ton cerveau adore les habitudes. Il résiste à tout changement brutal. Mais il accepte volontiers de petites expériences.

Tester, c'est introduire de nouveaux comportements, comme un hacker qui essaie plusieurs lignes de code avant de trouver celle qui fonctionne.

Exemple concret :

Tu as l'habitude d'acheter un café à emporter chaque matin. Tu décides de tester une nouvelle règle : "Seulement deux cafés achetés par semaine.

Les autres jours, je prépare le mien à la maison."

Ce test est simple, mesurable, et réaliste. Il ne demande pas une révolution, mais il commence à graver une nouvelle habitude.

Tester, c'est faire bouger ton logiciel mental sans provoquer de rejet brutal. C'est une stratégie de contournement douce, mais terriblement efficace.

C comme Contrôler

Sans suivi, ton cerveau te berne. Tu crois progresser, alors que tu retombes dans tes anciens travers. Contrôler, c'est mesurer pour savoir si le patch est installé correctement.

Exemple concret :

À chaque fois que tu résistes à un achat impulsif, tu le notes dans ton téléphone ou sur une feuille. À la fin de la semaine, tu comptes tes victoires. Tu vois noir sur blanc que tu reprends le contrôle.

Ce tableau devient une preuve tangible que tes efforts portent leurs fruits. Et ton cerveau adore les preuves. Elles renforcent ton engagement.

Contrôler, c'est transformer des efforts invisibles en résultats visibles. C'est aussi un moyen puissant de rester motivé.

H comme Habiter

La dernière étape, c'est l'ancrage. Le moment où le nouveau comportement devient naturel. Tu ne luttes plus, tu ne forces plus, tu agis spontanément.

Au début, chaque bug corrigé demande un effort. Mais à force de répéter PATCH, tu finis par l'habiter.

Exemple concret :

Les premières fois, refuser un achat compulsif te demande de l'énergie. Mais après quelques semaines, tu passes devant la même boutique, et cette paire de chaussures ne t'attire plus. Ton cerveau a enregistré la nouvelle règle.

C'est ça, habiter : transformer un effort conscient en un automatisme inconscient. Tu ne te bats plus contre ton cerveau, tu l'as reprogrammé.

PATCH en action : une histoire vraie

Laisse-moi te raconter une anecdote. Un lecteur m'a écrit après avoir appliqué PATCH. Il avait un problème classique : les achats compulsifs en ligne. Chaque mois, son compte était vidé par des commandes inutiles.

Il a commencé par **prendre conscience** : chaque fois qu'il remplissait son panier, il notait ses envies. Ensuite, il a décidé d'**agir vite** : fermer l'onglet dès qu'il repérait un bug. Puis il a **testé** une règle : attendre 24 heures avant tout achat non essentiel. Pour **contrôler**, il a noté chaque achat évité. En trois semaines, il avait déjà économisé 250 euros. Après un mois, attendre avant d'acheter était devenu automatique. Il avait **habité** son nouveau réflexe.

Résultat : ses finances se sont assainies, mais surtout, il avait regagné un pouvoir immense. Le pouvoir de dire non.

PATCH : ton kit de survie mentale

PATCH n'est pas une théorie. Ce n'est pas un joli concept abstrait. C'est un protocole. Cinq réflexes, cinq étapes à répéter.

- Tu prends conscience du bug.

- Tu agis immédiatement.

- Tu testes une nouvelle règle.

- Tu contrôles tes résultats.

- Tu habites ton nouveau comportement.

Chaque fois que tu actives PATCH, tu installes une mise à jour dans ton cerveau. Et chaque mise à jour te rapproche de la version de toi qui sait garder son argent, le faire fructifier, et ne plus se faire piéger.

Le call-to-action

PATCH est ton arme. Ton bouclier. Ton antidote. Mais il ne sert à rien si tu ne passes pas à l'action.

À partir d'aujourd'hui, chaque fois que ton cerveau bugue, applique PATCH. Ne réfléchis pas trop, fais-le. Cinq étapes, encore et encore.

Dans la suite de ce livre, tu vas découvrir les 7 bugs invisibles qui sabotent tes décisions financières. Pour chacun, je vais te montrer comment appliquer PATCH, étape par étape, jusqu'à neutraliser leur influence.

Prépare-toi. Tu tiens la télécommande de ton cerveau. Et tu vas enfin reprendre la main.

PARTIE II : Les 7 bugs qui vous ruinent en silence

Tu crois que tes problèmes d'argent viennent de ton salaire trop bas, des prix qui augmentent ou d'un manque de chance. Faux.

Tes pires ennemis ne sont pas à l'extérieur. Ils sont dans ta tête.

Dans cette partie, on va mettre en lumière 7 bugs invisibles. Ces erreurs mentales sont discrètes, sournoises, mais redoutables. Elles sabotent tes choix sans que tu t'en rendes compte. Elles t'empêchent d'épargner, t'exposent à des achats compulsifs, te poussent vers de mauvais investissements.

La vérité, c'est que tu n'as pas un problème d'argent. Tu as un problème de logiciel mental. Et tant que tu ne l'identifies pas, tu continueras à répéter les mêmes erreurs.

Pourquoi ces bugs sont si dangereux ?

Parce qu'ils sont invisibles.

Tu crois que tu décides en toute liberté. Tu penses que ton choix est rationnel. Mais ton cerveau est déjà piégé. Chaque bug agit comme une faille cachée. Il influence ton comportement, tes émotions et tes actions.

Et plus tu l'ignores, plus il te coûte cher.

Ce que tu vas découvrir

Dans les prochains chapitres, tu vas voir comment :

- Ton cerveau invente de fausses justifications pour dépenser.
- Tu échanges ton futur contre un plaisir immédiat.
- La comparaison avec les autres t'appauvrit.
- Tes illusions d'argent facile te poussent dans des pièges.
- Tes peurs de manquer sabotent tes décisions.
- Ta prudence mal placée devient un frein.
- Ton optimisme excessif détruit tes projets… et parfois ton couple.

Chaque bug sera décortiqué. Tu vas comprendre comment il fonctionne, pourquoi tu tombes dedans et surtout comment l'éliminer.

Attention : lecture à haut risque

Prépare-toi, car certains passages vont te mettre mal à l'aise. Tu vas te reconnaître. Tu vas revoir tes choix passés avec un autre regard. Tu vas peut-être même ressentir une pointe de colère en découvrant combien de fois tu t'es fait piéger.

Mais c'est une excellente nouvelle. Parce que mettre un nom sur ces bugs, c'est la première étape pour les neutraliser.

La promesse

À la fin de cette partie, tu ne regarderas plus ton argent de la même façon. Tu sauras identifier, presque instantanément, les pièges mentaux qui sabotent tes finances. Tu seras capable de reprendre la main, de dire non à tes impulsions, et d'agir avec clarté.

Ton cerveau sera toujours le même. Mais toi, tu auras appris à repérer ses failles et à les contourner.

Alors entre. Découvre les 7 bugs qui te ruinent en silence. Et prépare-toi à les désactiver un par un.

Chapitre 3 – Bug 1 : Le mirage du "je mérite bien"

Comment la peur de manquer et le "je l'ai bien mérité" déclenchent tes pires achats

Tu connais sûrement cette petite voix. Celle qui surgit après une journée difficile. Tu passes devant une boutique, tu scrolles sur ton application préférée, et ton cerveau te murmure : "Allez, tu l'as bien mérité."

Tu n'as pas prévu cet achat. Tu n'en as pas besoin. Mais la voix est persuasive. Elle t'explique que tu travailles dur, que tu souffres assez comme ça, que tu dois bien profiter un peu. Tu craques. Tu achètes. Et une fois rentré chez toi, l'excitation retombe. Ce qui reste, c'est la culpabilité, le compte bancaire allégé, et une armoire remplie d'objets qui ne changent rien à ta vie.

C'est ça, le premier bug : **le mirage du "je mérite bien"**.

Le double piège : peur de manquer et récompense illusoire

Ce bug combine deux biais psychologiques puissants :

1. **La peur de manquer** (le fameux FOMO). Tu crois que l'occasion est unique, que si tu ne saisis pas cette promo ou ce produit, tu passes à côté d'une chance exceptionnelle.

2. **La récompense immédiate**. Après un effort ou une frustration, ton cerveau réclame un shoot de plaisir instantané. L'achat devient une médaille en chocolat que tu t'accordes toi-même.

Résultat : tu dépenses pour compenser, pas pour avancer.

Et le plus vicieux, c'est que ton cerveau te fait croire que tu es rationnel.

Tu te racontes une histoire logique ("c'était en solde", "j'en avais besoin", "ça me motive"). Mais en réalité, tu as cédé à une illusion.

Storytelling : le salaire du vendredi

Imagine Karim. Jeune salarié, il attend chaque fin de mois avec impatience. Le vendredi soir où son salaire tombe, il file dans un centre commercial. "Je l'ai bien mérité", pense-t-il. Résultat : une paire de baskets dernier cri, un repas cher avec des amis, et un nouveau gadget électronique.

Le lundi, Karim se retrouve déjà à découvert. Chaque mois, le scénario se répète. Il travaille pour payer, non pour progresser. Son cerveau associe salaire à récompense immédiate. Et tant qu'il reste piégé dans le bug du "je mérite bien", son argent s'évapore.

Reconnais-tu ce schéma ? Peut-être pas aussi extrême. Mais avoue-le : combien de fois ton cerveau t'a vendu la même illusion ?

Pourquoi ce bug est si puissant ?

Ton cerveau ne pense pas en euros. Il pense en survie et en émotions. Quand tu es fatigué, stressé ou frustré, il cherche une échappatoire rapide. L'achat est une drogue légale, accessible en un clic, qui délivre une décharge de dopamine.

En plus, les marques savent exploiter ce bug. Les slogans jouent sur le mérite et la rareté. "Offrez-vous ce que vous méritez." "Il n'en restera pas pour tout le monde." Chaque mot est calibré pour activer tes biais.

Tu crois acheter un produit. En réalité, tu achètes une émotion temporaire. Et ton compte paie la facture longtemps après.

L'arme pour neutraliser le bug : PATCH en action

Bonne nouvelle. Tu n'es pas condamné à tomber dans le piège. Souviens-toi : PATCH est ton kit de débogage. Voyons comment l'appliquer au mirage du "je mérite bien".

1. Prendre conscience

La prochaine fois que ton cerveau te dit "je l'ai bien mérité", arrête-toi. Note mentalement cette phrase. C'est un signal d'alarme. Elle signifie que ton cerveau réclame une récompense immédiate. Tu viens de repérer le bug.

2. Agir vite

Ne laisse pas la petite voix grandir. Coupe-la immédiatement. Range ta carte. Quitte la boutique. Ferme l'application. Ne laisse aucune chance au réflexe de se transformer en action.

Un exemple concret : une lectrice m'a raconté qu'elle avait pris l'habitude de poser son téléphone dans une autre pièce dès qu'elle ressentait l'envie de commander en ligne. Ce geste simple a sauvé son compte en banque.

3. Tester

Au lieu d'acheter une récompense coûteuse, teste une récompense alternative. Prépare-toi un bon café, prends une douche froide, fais une marche rapide. Le cerveau cherche un shoot de dopamine ? Offre-lui une alternative moins chère.

Essaie cette règle simple : "Quand j'entends en moi 'je l'ai bien mérité', j'attends 24h avant tout achat." Pendant ce délai, la pulsion disparaît neuf fois sur dix.

4. Contrôler

Note chaque victoire. Chaque fois que tu as résisté, écris-le. Tu voulais craquer, tu ne l'as pas fait ? C'est une ligne de plus dans ton tableau. À la fin du mois, tu constateras noir sur blanc les centaines d'euros préservés.

5. Habiter

Répète. Chaque bug neutralisé ancre un nouveau réflexe. À force, ton cerveau enregistre : "je l'ai bien mérité" ne mène plus à un achat, mais à une alternative saine. Tu n'as plus besoin de lutter. Tu habites ton nouveau comportement.

Anecdote : la robe rouge

Une amie m'a confié un exemple parlant. Elle avait repéré une robe rouge en vitrine. Après une semaine difficile, elle s'est dit : "Je l'ai bien mérité." Elle a failli céder. Mais elle a appliqué PATCH.

- Prendre conscience : elle a identifié la phrase.
- Agir vite : elle est sortie de la boutique.
- Tester : elle s'est offert une soirée cinéma à la maison avec du popcorn.
- Contrôler : elle a noté sa victoire dans son carnet.
- Habiter : au bout de quelques mois, le réflexe était naturel.

Résultat : elle a économisé plus de 1200 euros en un an, simplement en neutralisant ce bug. Et, surtout, elle a découvert que le vrai mérite, c'est de se respecter soi-même, pas de remplir ses placards.

Les gains quand tu neutralises ce bug

Quand tu arrêtes de tomber dans le mirage du "je mérite bien" :

- Tu gardes ton argent pour tes vrais objectifs.
- Tu réduis la culpabilité liée aux achats inutiles.
- Tu brises le cycle stress → achat → regrets.
- Tu te prives moins que tu ne crois. Car souvent, les "récompenses alternatives" t'apportent plus de bien-être qu'un objet acheté sur un coup de tête.

Le récapitulatif

Le bug du "je mérite bien" est un mirage. Il mélange peur de manquer et besoin de récompense. Il te fait croire que tu gagnes, alors que tu perds.

Avec PATCH, tu as la solution :

- Tu identifies la phrase.
- Tu agis vite pour couper la pulsion.
- Tu testes des alternatives plus saines.

- Tu contrôles tes victoires.

- Tu habites ton nouveau réflexe jusqu'à ce qu'il devienne naturel.

Le call-to-action

À partir d'aujourd'hui, traque ce bug. Chaque fois que tu entends en toi "je l'ai bien mérité", allume ton radar. Mets PATCH en route. Et rappelle-toi cette règle simple : le vrai mérite, ce n'est pas de dépenser ton argent, c'est de le protéger pour ce qui compte vraiment.

Tu viens de neutraliser ton premier bug. Le chemin est lancé. Dans le chapitre suivant, tu vas découvrir un autre saboteur invisible : **le bug de la comparaison sociale**. Celui qui te pousse à dépenser pour impressionner les autres. Et crois-moi, c'est un ennemi redoutable.

Tourne la page. On attaque le Bug 2.

Chapitre 4 – Bug 2 : Le piège du court-terme

Pourquoi ton cerveau préfère un kebab aujourd'hui à une maison demain

Ton cerveau est un glouton. Il adore les plaisirs immédiats, il déteste attendre. Tu as déjà ressenti ça : tu sais que garder ton argent est logique, mais ton ventre ou ton envie crient plus fort que ta raison. Résultat : tu choisis le kebab aujourd'hui, au lieu de garder cet argent pour construire un futur solide.

C'est ça, le piège du court-terme.

Le piège en action

Imagine cette scène. Tu sors du boulot, fatigué. Dans ta poche, un billet de 10 euros. Deux choix s'offrent à toi :

1. Garder cet argent pour ton épargne.

2. L'échanger contre un kebab bien gras avec frites et boisson.

Ton cerveau ne réfléchit pas longtemps. Il choisit le kebab. Pourquoi ? Parce qu'il obtient une récompense immédiate. Une maison, une retraite confortable ou la liberté financière sont trop loin, trop abstraits. Le kebab, lui, est chaud, réel, et disponible tout de suite.

Ton cerveau est programmé pour ça.

Le bug ancestral

Ce n'est pas ta faute. Ton cerveau a évolué dans un environnement de survie. Tes ancêtres devaient saisir la nourriture dès qu'elle était disponible. Pas question de penser à "investir pour plus tard" quand tu risquais de mourir de faim demain.

Aujourd'hui, ce logiciel archaïque se retourne contre toi. Tu ne vis plus dans la savane, mais dans une société de crédits, de pubs, et de tentations permanentes. Pourtant ton cerveau continue de privilégier le plaisir instantané, au détriment de ton futur.

L'ennemi invisible : le discounting

Ce penchant pour le plaisir immédiat est un biais cognitif bien connu, que les économistes comme David Laibson appellent l'actualisation hyperbolique. En d'autres termes, votre cerveau dévalorise systématiquement une récompense future au profit d'une gratification instantanée.

Exemple : si je te propose 50 euros maintenant ou 100 euros dans un an, une grande partie des gens choisissent 50 euros maintenant. Mathématiquement, c'est absurde. Mais ton cerveau calcule mal le futur. Il préfère un petit plaisir immédiat à un gros gain retardé.

Voilà pourquoi tant de gens vivent au jour le jour, même quand ils savent que ça les mène droit dans le mur.

Storytelling : Samir et la voiture de ses rêves

Samir rêve d'une voiture. Chaque mois, il se promet d'économiser. Mais à chaque salaire, il craque : repas au restaurant, sorties, petits gadgets. À la fin du mois, il ne reste rien. Sa voiture reste un rêve.

Le problème n'est pas son revenu. Le problème, c'est son cerveau. Il troque chaque fois une petite récompense présente contre son objectif de long terme. Et plus le rêve reste lointain, plus il s'éloigne.

Pourquoi ce bug est mortel pour tes finances

- Tu épargnes moins que ce que tu pourrais.
- Tu repousses tes projets indéfiniment.
- Tu te retrouves dépendant des crédits pour compenser.

En réalité, la plupart des dettes personnelles viennent de ce bug. Les gens ne sont pas "mauvais en maths". Ils sont prisonniers de leur logiciel mental.

Neutraliser le piège avec PATCH

Ton cerveau préfère le court-terme. Très bien. Mais avec PATCH, tu peux le reprogrammer pour qu'il serve ton futur, sans le frustrer. Voyons comment.

1. Prendre conscience

Repère la phrase "je veux profiter maintenant". Elle est le signal du bug. Chaque fois que tu entends cette voix, tu sais que ton cerveau joue contre toi.

2. Agir vite

Pose une barrière immédiate. Exemple : laisse ta carte bancaire à la maison et garde uniquement une petite somme en liquide. Si tu veux craquer, tu ne pourras pas.

Un lecteur m'a raconté qu'il avait créé un "délai obligatoire". Chaque fois qu'il voulait dépenser, il devait attendre 48h.

Résultat : 80% de ses envies disparaissaient.

3. Tester

Transforme le futur en récompense visible. Exemple : au lieu de dire “je vais épargner pour une maison”, crée un tableau avec une photo de la maison et colorie chaque case à mesure que tu mets de l’argent de côté. Ton cerveau adore les progrès visibles.

Teste aussi des micro-objectifs. Si tu veux épargner 10 000 euros, découpe ça en 100 fois 100 euros. Chaque fois que tu atteins un palier, célèbre.

4. Contrôler

Note tes victoires. Chaque kebab évité, chaque dépense reportée, chaque somme épargnée doit apparaître dans ton suivi. Ce que tu mesures, tu le maîtrises.

5. Habiter

À force de répéter, tu n’as plus besoin de lutter. Tes réflexes changent. Au lieu de craquer, tu ressens de la fierté à voir ton objectif avancer. Tu habites le futur.

Anecdote : le café à 3 euros

Claire adorait son café latte tous les matins. 3 euros par jour, sans réfléchir. Un jour, elle a calculé : 3 euros par jour, c’est plus de 1000 euros par an. Elle a décidé d’appliquer PATCH.

- Prendre conscience : “je dépense chaque jour par habitude.”

- Agir vite : elle a acheté une cafetière et préparé son café à la maison.

- Tester : elle a remplacé le café acheté par une promenade de 10 minutes, comme petite récompense.
- Contrôler : elle a noté chaque semaine l'argent économisé.
- Habiter : après 3 mois, son nouveau rituel était naturel.

Résultat : elle a économisé assez pour financer un voyage, au lieu de boire son argent chaque matin.

Comment hacker ton cerveau programmé pour le court terme ?

1. **Rends le futur concret.** Mets des images, des chiffres, des repères visuels. Ton cerveau aime ce qu'il voit.
2. **Récompense-toi autrement.** Trouve des plaisirs immédiats qui ne vident pas ton compte. Un jogging, un appel à un ami, une musique préférée.
3. **Automatise ton épargne.** Si tu attends de "voir s'il reste de l'argent à la fin du mois", il n'en restera jamais. Mets un virement automatique dès ton salaire. Tu n'auras pas à choisir.
4. **Célèbre les petites victoires.** N'attends pas d'avoir 100 000 euros de côté pour être fier. Chaque étape franchie mérite une mini-célébration.

Les bénéfices quand tu neutralises ce bug

- Tu gagnes la bataille la plus dure : celle contre toi-même.
- Tu accumules enfin pour ton futur, sans sacrifier ton présent.
- Tu réduis l'angoisse liée aux dettes et aux fins de mois.
- Tu transformes ta discipline en liberté.

Le récapitulatif

Le bug du court-terme est simple à comprendre : ton cerveau préfère un kebab aujourd'hui à une maison demain. Mais simple ne veut pas dire facile. Sans vigilance, ce bug ruine tes projets.

Avec PATCH, tu reprends la main :

- Tu repères la voix du plaisir immédiat.
- Tu agis vite pour couper l'élan.
- Tu rends le futur concret et motivant.
- Tu contrôles tes progrès.
- Tu transformes ton nouveau réflexe en habitude durable.

Le call-to-action

À partir d'aujourd'hui, surveille chaque fois que ton cerveau dit “maintenant”. Demande-lui : est-ce que je choisis 10 minutes de plaisir, ou 10 ans de liberté ? Tu verras que la réponse devient plus simple à force d'entraînement.

Tu viens de franchir un cap. Tu as affronté ton deuxième bug invisible. Dans le chapitre suivant, tu vas découvrir un autre ennemi sournois : **la comparaison sociale**. Celui qui te pousse à dépenser pour briller aux yeux des autres, même si ça détruit tes finances.

Tourne la page. C'est là que le jeu se corse.

Chapitre 5 – Bug #3 : Le syndrome de la comparaison toxique (Le Bug du Voisin)

Comment la réussite des autres vous coûte plus cher qu'un crédit revolving

On ne va pas tourner autour du pot : ce bug est l'un des plus vicieux. Il se cache derrière ton smartphone, dans tes conversations, dans les vitrines de ta ville. Il te chuchote à l'oreille : "Regarde ce qu'il a… Et toi, tu fais quoi ?"

Le syndrome de la comparaison toxique, c'est ce poison silencieux qui te pousse à dépenser non pas pour toi, mais pour impressionner. C'est lui qui t'enchaîne à des achats inutiles, juste pour ne pas "paraître moins".

Le poison invisible

Un ami achète une nouvelle voiture. Tes collègues partent en vacances. Une influenceuse montre son dernier sac à main. Tu le sais, une partie de tout ça est exagérée, financée à crédit, parfois même totalement mensongère. Mais ton cerveau, lui, compare quand même.

Résultat : tu te sens en retard. Moins bien. Moins "réussi".

Et quand ton ego est piqué, que fait-il ? Il commande. Il te pousse à acheter pour rattraper, pour exister, pour montrer que toi aussi "tu es dans le coup".

Le bug en version moderne

Avant, ton cercle de comparaison se limitait à tes voisins, ta famille, tes collègues. Aujourd'hui, avec Instagram, TikTok et compagnie, tu compares ta vie entière à des millions de personnes.

Ton voisin de palier a été remplacé par le voisin digital : celui qui poste son voyage à Bali, son repas gastronomique ou son mariage de conte de fées.

Problème : tu compares ta réalité entière à leur meilleure vitrine. Tu compares tes galères de fin de mois à leurs photos retouchées. Et tu perds. Toujours.

Anecdote : Karim et le téléphone dernier cri

Karim avait un smartphone qui fonctionnait très bien. Mais quand son pote a sorti le dernier modèle, Karim s'est senti "à la traîne". Trois jours plus tard, il craquait : achat à crédit, 60 euros par mois pendant deux ans.

Il n'avait pas besoin de ce téléphone. Mais il avait besoin de "ne pas paraître pauvre".

Ce bug ne touche pas la logique. Il touche l'ego. Et quand l'ego est blessé, le portefeuille saigne.

Pourquoi ce bug est destructeur ?

- Tu dépenses pour briller, pas pour avancer.
- Tu construis une identité basée sur l'image, pas sur la valeur réelle.
- Tu gaspilles ton énergie et ton argent dans une course sans fin.

La comparaison toxique est pire qu'un crédit revolving. Parce qu'elle ne s'arrête jamais. Tu crois rattraper, mais quelqu'un sera toujours "au-dessus". Tu cours, tu dépenses, tu t'épuises.

Ce poison silencieux, le psychologue Leon Festinger l'a identifié il y a des décennies sous le nom de théorie de la comparaison sociale. Son principe est simple : pour savoir ce que nous valons, nous nous comparons aux autres. Le problème, comme l'a brillamment démontré l'économiste comportemental Dan Ariely, c'est qu'avec les réseaux sociaux, vous comparez désormais votre vie entière à la meilleure vitrine des autres. Vous ne faites pas de choix dans l'absolu, mais par rapport à une illusion, et c'est votre portefeuille qui saigne pour combler un écart qui n'existe que dans votre tête.

Le bug ancestral

Encore une fois, ce n'est pas de ta faute. Ton cerveau est câblé pour se comparer. **Ce mécanisme, que Festinger a théorisé**, était essentiel dans les tribus anciennes, où la hiérarchie sociale déterminait qui survivait, qui se reproduisait, qui dominait. Être "moins que les autres" signifiait danger.

Aujourd'hui, ce mécanisme survit, mais dans un monde saturé d'images. Ton cerveau croit encore qu'il doit "rattraper" pour survivre. Mais en réalité, il te met juste dans le rouge.

Comment PATCH neutralise la comparaison toxique ?

Tu n'arrêteras jamais ton cerveau de comparer. Mais tu peux le hacker. Avec PATCH, tu reprends la main.

1. **Prendre conscience**
   Note les moments où tu ressens une piqûre d'envie.
   Quand tu dis : "Moi aussi je veux ça", arrête-toi.

Reconnais que ce n'est pas toi qui veux, mais ton ego blessé.

2. **Agir vite**
   Coupe l'exposition. Réduis le temps sur les réseaux. Cache les comptes qui déclenchent ton envie. Tu ne contrôles pas l'existence des vitrines, mais tu contrôles ton regard.

3. **Tester**
   Transforme la comparaison. Au lieu de comparer ton niveau de consommation, compare ton niveau de progression. Pas : "Il a une voiture, moi pas." Mais : "Le mois dernier, je n'avais rien de côté. Aujourd'hui j'ai 200 euros."
   Tu passes de la comparaison horizontale (avec les autres) à la comparaison verticale (avec toi-même).

4. **Contrôler**
   Crée ton tableau de fierté. Chaque fois que tu évites un achat par comparaison, note-le. Tu verras que tu gagnes du terrain.

   Exemple : ton collègue change de montre, tu ressens l'envie. Tu résistes, tu notes : +200 euros économisés. Tu transformes la jalousie en victoire personnelle.

5. **Habiter**
   Petit à petit, tu changes ton logiciel. Tu habites une

nouvelle identité : celle qui n'a rien à prouver. Celle qui construit pour elle-même, pas pour l'œil des autres.

Storytelling : Nadia et la robe de trop

Nadia avait un rituel. Chaque fois qu'elle voyait ses amies, elle achetait une nouvelle robe. Pas par envie réelle, mais par peur d'entendre : "Tu portes toujours la même ?"

Un jour, elle a décidé d'appliquer PATCH. La prochaine fois, elle a porté une robe déjà utilisée. Résultat : personne n'a rien dit. Elle a compris que la pression venait de son imagination.

À partir de là, elle a arrêté d'acheter pour les autres. En un an, elle a économisé l'équivalent de 2 mois de salaire.

Les hacks concrets contre la comparaison toxique

- Retiens cette règle : ce que tu vois n'est jamais toute l'histoire. La voiture flambant neuve cache souvent un crédit lourd. Le voyage à Bali a parfois vidé un compte en banque.

- Fais la liste de tes vrais besoins. Pas ce que les autres montrent, mais ce qui compte pour toi : liberté, sécurité, temps libre. Raccroche-toi à ça.

- Utilise la comparaison positive. Inspire-toi de ceux qui construisent au lieu de flamber. Transforme l'envie en apprentissage : "Quelles habitudes puis-je copier, pas quels achats ?"

- Pratique la gratitude. Chaque soir, note 3 choses que tu as et que d'autres n'ont pas. Tu réalises vite que tu n'es pas en retard, tu es déjà riche de l'essentiel.

Les bénéfices quand tu sors de ce piège

- Tu dépenses pour toi, pas pour une image.
- Tu avances réellement vers tes objectifs.
- Tu retrouves la paix intérieure : plus besoin de jouer la comédie sociale.
- Tu deviens plus attractif naturellement, parce que tu es aligné avec toi-même.

Le récapitulatif

Le bug du voisin est simple à décrire : tu crois acheter pour ton plaisir, mais en réalité tu achètes pour rattraper l'autre. Chaque comparaison toxique te coûte une fortune.

Avec PATCH, tu inverses la dynamique :

- Tu reconnais le piège.
- Tu agis vite pour couper l'exposition.
- Tu testes la comparaison avec toi-même.
- Tu contrôles tes victoires.

- Tu habites une nouvelle identité, indépendante du regard des autres.

Le call-to-action

À partir de maintenant, chaque fois que tu ressens l'envie d'acheter parce que "les autres ont", pose-toi une question : "Est-ce que j'achète pour moi, ou pour impressionner ?"

Si la réponse est "pour impressionner", repose immédiatement l'objet. Tu viens d'économiser bien plus qu'un billet : tu viens de reprendre ta liberté.

Et prépare-toi, car dans le chapitre suivant, tu vas découvrir un autre bug encore plus subtil : celui qui t'empêche de voir les opportunités d'argent sous tes yeux. Celui qui te fait croire que tu n'as pas de chance, alors que tu passes à côté d'or tous les jours.

Tourne la page. Ton cerveau va encore se faire démasquer.

Chapitre 6 – Bug #4 : L'illusion de l'argent facile (Le Bug du Coup Sûr)

L'histoire secrète de tes achats compulsifs et de tes investissements ratés

Ton cerveau adore une bonne histoire. Surtout quand elle promet une récompense rapide, sans effort, sans douleur. C'est le bug du coup sûr. Cette illusion t'a déjà coûté plus que tu ne veux l'admettre.

Tu l'as vécu. Tu as acheté une formation miracle "Deviens riche en 30 jours". Tu as investi dans ce projet soi-disant "sans risque". Tu as mis ton argent dans une crypto parce que "tout le monde gagne". Résultat ? Déception, frustration, compte vidé.

Mais tu continues. Parce que ce bug n'est pas rationnel. Il est émotionnel. Il est inscrit au plus profond de ton logiciel mental.

Pourquoi tu tombes dans le piège ?

Ton cerveau est programmé pour chercher la récompense immédiate. Dans la savane, c'était utile : attraper une proie facile, cueillir un fruit accessible. Aujourd'hui, ça devient dangereux. Tu vois une promesse d'argent facile, ton cerveau s'illumine. Dopamine. Tu fonces.

Tu ignores les signaux d'alarme. Tu ignores la logique. Tu veux croire que cette fois, c'est différent.

L'histoire de Sofiane : le faux coup sûr

Sofiane travaillait dur. Un jour, un ami lui parle d'un "placement garanti". Rentabilité de 15% par mois. Risque zéro. Il hésite, puis il met ses économies. Deux mois plus tard, l'entreprise disparaît. Argent envolé.

Ce qui a piégé Sofiane, ce n'était pas le placement. C'était son cerveau. Il voulait un raccourci. Il a cru à une histoire trop belle.

Les micro-coups sûrs du quotidien

Le bug du coup sûr ne concerne pas seulement les gros investissements. Il te touche chaque jour.

- Tu achètes ce gadget qui "va changer ta vie" en 2 minutes.
- Tu commandes ce programme minceur qui promet "moins 10 kilos sans effort".
- Tu t'inscris à une loterie en te disant : "On ne sait jamais."

Chaque fois, ton cerveau croit à une promesse rapide. Chaque fois, ton portefeuille trinque.

Le bug derrière les compulsions

Pourquoi craques-tu sur ces achats compulsifs ? Parce qu'ils sont construits comme des "coups sûrs".

Les marketeurs le savent. Ils utilisent les mots magiques : garanti, rapide, facile, sans effort, limité. Ils te racontent une histoire que ton cerveau adore.

Tu n'achètes pas l'objet. Tu achètes la promesse de facilité. Et quand la réalité ne suit pas, tu recommences avec la prochaine promesse.

Les casinos, loteries et plateformes de trading

C'est le bug du coup sûr à grande échelle. Tu crois que tu joues pour t'amuser. En réalité, tu paies pour une illusion.

Chaque ticket de loterie te vend une histoire : "Et si c'était toi ?" Chaque pub de trading te vend une illusion : "Quelques clics, et ta vie change."

Mais la règle est simple : si c'était si facile, tout le monde serait riche.

Pourquoi ce bug est si dangereux ?

- Tu dépenses ton argent sur des illusions au lieu de construire des actifs réels.
- Tu perds confiance en toi après chaque échec, ce qui t'affaiblit encore plus.
- Tu entres dans un cercle vicieux : plus tu perds, plus tu cherches un nouveau coup sûr pour "te refaire".

Ce bug est une machine à dettes.

Le cerveau en mode "casino"

Quand tu crois à un coup sûr, ton cerveau libère de la dopamine. Tu ressens une excitation proche de l'adrénaline. Tu te projettes déjà dans la victoire. Tu n'analyses plus. Tu fonces.

C'est le même mécanisme qui fait tourner les joueurs dans les casinos. Pas pour gagner, mais pour revivre cette montée d'espoir.

Comment PATCH neutralise le bug du coup sûr ?

Tu ne vas pas arrêter de rêver à des raccourcis. C'est humain. Mais tu peux apprendre à couper le circuit avant que ton argent s'évapore.

1. Prendre conscience

Chaque fois qu'une promesse paraît trop belle, alerte rouge. Note les mots-clés : facile, garanti, rapide.

2. Agir vite

Avant d'acheter ou d'investir, impose-toi un délai. 24 heures minimum. Ce temps suffit à calmer l'excitation et à ramener ta logique.

3. Tester

Pose une question simple : *"Si c'était vraiment un coup sûr, pourquoi me le vend-on ?"* Les vrais coups sûrs ne se partagent pas. Ils se gardent.

4. Contrôler

Crée un budget "expérimentation". Par exemple, 5% de ton argent pour tester des idées risquées. Mais jamais plus. Ainsi, tu limites les dégâts.

5. Habiter

Adopte une nouvelle identité : celle qui construit lentement, sûrement. Celle qui ne cherche pas le coup sûr, mais le progrès sûr.

Exemple : Amel et le trading en ligne

Amel voyait partout des pubs sur le trading. Elle s'inscrit, dépose 500 euros. En quelques jours, elle perd tout. Frustrée, elle recommence. Encore 500 euros. Même résultat.

Quand elle découvre PATCH, elle applique la règle des 24 heures. La fois suivante, avant de céder à une promesse, elle attend. Après une nuit de réflexion, elle comprend : ce n'est pas de l'investissement, c'est du pari. Elle ferme son compte.

Résultat : elle a économisé bien plus que 500 euros. Elle a sauvé son avenir.

Les hacks anti-coup sûr

1. Demande toujours les preuves. Si quelqu'un promet une rentabilité, exige les chiffres, les résultats, les sources. Pas de preuves ? Fuis.

2. Souviens-toi de la règle universelle : haut rendement = haut risque. Pas d'exception.

3. Investis dans ce que tu comprends. Si tu ne peux pas expliquer clairement où va ton argent, tu ne maîtrises pas. Et si tu ne maîtrises pas, c'est un piège.

4. Célèbre la lenteur. Épargne régulière, petits pas constants, investissements simples et longs termes. C'est moins sexy qu'un "coup sûr", mais c'est le vrai chemin vers la richesse.

Les bénéfices quand tu sors de ce bug

- Tu cesses de gaspiller dans des illusions.
- Tu renforces ta confiance en toi et ta capacité à dire non.
- Tu construis une sécurité réelle au lieu de courir après des mirages.

- Tu reprends le contrôle sur ton argent, au lieu de le laisser aux promesses d'autrui.

Le récapitulatif

Le bug du coup sûr est une illusion. Il te promet l'argent facile, mais il te vole ton énergie et tes ressources.

Avec PATCH, tu apprends à le reconnaître, à le neutraliser, à rediriger ton argent vers des stratégies réelles et durables.

Le call-to-action

La prochaine fois que tu entends une promesse trop belle, ne sors pas ton portefeuille. Pose-toi cette question : *"Est-ce que je paie pour un rêve ou pour une réalité ?"*

Si c'est un rêve, range ta carte bancaire. Parce que ta richesse future ne se construit pas avec des coups sûrs. Elle se construit avec des choix sûrs.

Et prépare-toi, car dans le chapitre suivant, tu vas affronter un bug encore plus sournois : celui qui te fait croire que tu as besoin de toujours plus, alors que tu as déjà assez.

Tourne la page. Le prochain piège mental t'attend.

Chapitre 7 – Bug #5 : Le poison de la peur et du manque (Loss-Loupe)

Comment tes angoisses financières programment tes pires décisions

Tu crois que tu as peur de manquer d'argent. En réalité, c'est cette peur qui te fait perdre encore plus.

C'est le bug de la Loss-Loupe. Ton cerveau amplifie les risques, déforme les pertes, grossit les dangers. Résultat : tu prends de mauvaises décisions financières. Tu refuses des opportunités rentables, tu conserves des erreurs coûteuses, tu agis dans la panique au lieu de la stratégie.

Le cerveau n'aime pas perdre

Comme l'ont démontré les psychologues Daniel Kahneman et Amos Tversky, lauréats d'un prix Nobel pour leurs travaux, perdre 100 euros nous fait environ deux fois plus mal que le plaisir d'en gagner 100. Ils ont nommé ce puissant biais psychologique l'aversion à la perte. Ton cerveau déteste perdre. Cette douleur est si intense qu'elle contrôle tes choix.

Au lieu de raisonner calmement, tu fuis la perte comme si ta survie en dépendait. C'était utile quand nos ancêtres protégeaient leurs maigres ressources. Aujourd'hui, c'est un poison qui ruine tes finances.

Exemple : Le compte qui fait peur

Asma déteste regarder son compte bancaire. Chaque fois qu'elle ouvre son application, elle ressent une boule dans le ventre. Elle préfère éviter.

Résultat : elle paie ses factures en retard, accumule des frais, et perd encore plus d'argent.

Ce n'est pas son compte qui la détruit, mais son refus d'affronter la réalité. Sa peur de perdre lui coûte bien plus que la perte elle-même.

L'effet panique : vendre au pire moment

Tu as déjà vu ça en bourse. Les marchés chutent. La peur envahit les investisseurs. Ils vendent dans la panique. Et quelques mois plus tard, les prix remontent. Ils ont cristallisé leurs pertes.

Ce n'est pas la bourse qui les a ruinés. C'est la peur de perdre qui a pris le volant.

Le piège du "navire coulé"

La peur du manque te pousse aussi à persister dans une erreur. Tu gardes un abonnement inutile parce que tu as déjà payé. Tu continues un investissement foireux parce que "ça finira bien par remonter". Tu refuses d'abandonner un projet mort parce que tu as mis trop de temps et d'argent dedans.

Ton cerveau préfère souffrir plus longtemps que d'accepter une perte immédiate. C'est irrationnel, mais c'est ton logiciel.

Quand la peur dicte tes achats ?

Ce bug ne s'arrête pas aux investissements. Il infiltre aussi ton quotidien.

- Tu achètes des promotions "au cas où" et tu remplis tes placards de choses inutiles.

- Tu acceptes des petits boulots mal payés par peur de manquer, au lieu d'oser demander plus.

- Tu refuses d'investir dans ta formation ou ton business, car tu redoutes de gaspiller. Résultat : tu restes coincé.

Chaque choix dicté par la peur est une petite trahison contre ton futur.

L'histoire de Karim : prisonnier du manque

Karim gagnait correctement sa vie, mais il vivait en stress permanent. Chaque facture déclenchait une panique. Il refusait de partir en vacances, de peur de manquer. Il refusait aussi toute idée d'investissement.

Un jour, un ami lui propose de rejoindre un projet immobilier solide. Karim dit non. Trop risqué. Quelques années plus tard, son ami vit des loyers de ses appartements. Karim, lui, est toujours enfermé dans sa peur.

Ce n'est pas qu'il n'avait pas d'argent. C'est qu'il n'avait pas confiance en sa capacité à gérer la perte.

Pourquoi ton cerveau te piège ?

1. **La loupe des pertes.** Ton cerveau grossit chaque perte potentielle, comme si elle était fatale.

2. **La mémoire des échecs.** Chaque perte passée reste gravée et influence tes choix futurs. Tu te rappelles plus longtemps de tes échecs que de tes succès.

3. **La panique immédiate.** Sous stress, ton cerveau reptilien prend le dessus. Tu n'analyses plus. Tu réagis comme un animal menacé.

Comment PATCH neutralise le bug du manque ?

Tu ne peux pas supprimer ta peur. Mais tu peux l'apprivoiser, l'utiliser comme un signal, et reprendre le contrôle.

P comme Prendre conscience

La peur n'est pas la réalité. Elle est une alerte. Note chaque fois qu'elle t'arrête. Écris : "Est-ce que je fuis une perte, ou est-ce que je choisis un vrai gain ?"

A comme Agir vite

Affronte tes comptes. Regarde tes chiffres. La peur grandit dans le flou. Dès que tu mets des données précises, tu reprends du pouvoir.

T comme Tester

Au lieu d'éviter, fais de petits pas. Investis une petite somme dans une action ou une formation. Expérimente. Habitue ton cerveau à voir que le risque n'est pas toujours fatal.

C comme Contrôler

Fixe tes règles avant d'agir. Exemple : si une action chute de 10%, je vends. Si une dépense dépasse 100 euros, j'attends 24 heures. Ce cadre te protège contre la panique.

H comme Habiter

Incarne la version de toi qui gère son argent avec calme. Demande-toi : "Qu'est-ce que ferait une personne sereine et riche dans cette situation ?" Puis fais pareil.

Les hacks anti-peur

1. **Respirer avant d'agir.** Quand tu ressens la panique, stoppe. Respire profondément. Décide après.

2. **Changer ton langage.** Au lieu de dire "je perds", dis "j'investis dans mon apprentissage" ou "je libère des ressources". Ton cerveau comprend les mots que tu lui donnes.

3. **Comparer avec le long terme.** Pose-toi la question : "Dans 5 ans, est-ce que cette perte comptera encore ?" La plupart du temps, la réponse est non.

4. **Construire un filet de sécurité.** Une épargne d'urgence te libère. Quand tu sais que tu as 3 à 6 mois de dépenses de côté, la peur perd son pouvoir.

Les bénéfices quand tu sors de ce bug

- Tu prends enfin des décisions stratégiques au lieu de réagir dans la panique.

- Tu te libères de l'angoisse constante.

- Tu apprends à accepter de petites pertes pour accéder à de grands gains.

- Tu construis une relation saine avec ton argent.

Le récapitulatif

La peur du manque est un poison. Elle amplifie les pertes, bloque tes choix et te maintient dans une prison mentale. Mais ce n'est pas une fatalité.

Avec PATCH, tu transformes cette peur en signal. Tu reprends le contrôle. Tu choisis la clarté au lieu de l'évitement, l'action au lieu de la paralysie.

Le call-to-action

La prochaine fois que ton ventre se serre devant une décision financière, ne fuis pas. Dis-toi : *"Ce n'est pas un danger. C'est une alerte. À moi de décider, pas à ma peur."*

Parce que ta richesse ne se construit pas dans la panique. Elle se construit dans le calme.

Et prépare-toi, car dans le chapitre suivant, tu vas découvrir un bug encore plus vicieux : celui qui te pousse à t'auto-saboter au nom de la prudence.

Tourne la page. Le vrai piège de "la sagesse" t'attend.

Chapitre 8 – Bug #6 : L'auto-sabotage déguisé en prudence (Le Bug du Navire Coulé)

Quand "être raisonnable" t'empêche de t'enrichir

On t'a toujours dit : "Mieux vaut être prudent. Ne prends pas de risques.

Garde tes économies. Sois raisonnable."

Et toi, tu as obéi. Tu as serré ton argent. Tu as refusé les opportunités trop audacieuses. Tu as attendu le moment parfait.

Résultat : Ton navire est toujours au port. Bien solide. Bien… inutile.

C'est le Bug du Navire Coulé : l'illusion que la prudence protège, alors qu'elle te condamne à rester au point mort.

L'histoire du navire qui rouille

Imagine un magnifique bateau, construit pour traverser les océans. Son propriétaire a peur des tempêtes. Alors il le laisse au port. Année après année. Le bois pourrit. Le métal rouille. Les voiles se déchirent sans jamais avoir vu le vent.

Voilà ce que fait la prudence excessive à ton argent. Tu crois préserver, mais en réalité tu perds. Parce que l'argent immobile s'use, se dévalue, s'érode avec l'inflation.

Prudence ou peur déguisée ?

Il y a une grande différence entre être stratégique et être paralysé.

La prudence réelle, c'est analyser, choisir, prévoir.

Le bug, c'est dire "non" par réflexe, en appelant ça "raison".

Tu refuses d'investir dans une formation, de peur que ça ne marche pas.

Tu refuses une opportunité de business, parce que "ça semble trop beau".

Tu refuses même parfois d'améliorer ton confort, parce que "on ne sait jamais".

Ce n'est pas de la sagesse. C'est de l'auto-sabotage.

Exemple : Le livret A qui dort

Ahmed garde 10 000 € sur son livret A depuis dix ans. Il se dit prudent.

Son argent est "en sécurité".

Sauf qu'en dix ans, avec l'inflation, son pouvoir d'achat a fondu. Ses 10 000 € d'hier valent à peine 8 000 € aujourd'hui.

Il n'a rien perdu… en chiffres. Mais il a perdu en valeur.

Son navire est resté au port. Résultat : il coule doucement, en silence.

L'excuse la plus dangereuse : "Je ne suis pas prêt"

Beaucoup de gens confondent prudence et procrastination. Ils disent :

- "J'attends le bon moment."

- "Quand j'aurai plus d'argent, je me lancerai."

- "Quand j'aurai toutes les infos, je déciderai."

Mais ce moment n'arrive jamais. Il n'y a jamais de certitude absolue. La vie avance. Les occasions passent. Et eux restent là, immobiles, persuadés d'être sages, alors qu'ils coulent lentement.

Le paradoxe : la vraie prudence, c'est d'oser

Si tu veux vraiment protéger ton argent, tu dois le faire circuler.

Tu dois apprendre à le placer, à le multiplier, à lui donner un rôle.

La stagnation n'est pas prudente. Elle est mortelle.

Les riches ne sont pas riches parce qu'ils fuient les risques.

Ils sont riches parce qu'ils apprennent à les gérer.

Anecdote : Le voisin raisonnable

Nadia et son frère Yacine héritent chacun de 20 000 €.

Nadia décide de suivre une formation en marketing digital et lance un business en ligne. Trois ans plus tard, elle génère 5 000 € par mois.

Yacine, lui, met ses 20 000 € sur un compte épargne. Trois ans plus tard, son argent a à peine grossi de 300 €.

Quand il voit les résultats de sa sœur, il dit :

"Tu as eu de la chance. Moi, j'ai préféré être raisonnable."

Non, il n'a pas été raisonnable. Il a coulé son navire par peur de prendre la mer.

Les mécanismes cachés de l'auto-sabotage

Pourquoi tombes-tu dans ce bug ?

1. **Le besoin de contrôle.** Ton cerveau préfère l'illusion de certitude plutôt que l'incertitude de la croissance.

2. **La peur de l'échec social.** Tu préfères dire "j'ai été prudent" que d'assumer un échec.

3. **Les croyances héritées.** Peut-être qu'on t'a répété "l'argent ne tombe pas du ciel", "ne prends pas de risques", "contente-toi de ce que tu as".

4. **La paresse mentale.** La prudence est confortable. Pas besoin de réfléchir, d'apprendre, d'essayer. Tu dis "non" et tu passes à autre chose.

Comment PATCH neutralise le Bug du Navire Coulé ?

La prudence ne doit pas être un frein, mais une stratégie. PATCH va t'aider à réinitialiser ce logiciel.

P comme Prendre conscience

Demande-toi : est-ce que ma décision vient d'une analyse, ou juste d'une peur déguisée en prudence ?

A comme Agir

Décide de tester plutôt que d'attendre. Lance un petit projet, investis un petit montant, ose un premier pas.

T comme Tester

Fixe des limites claires. "J'investis 500 €, et si ça marche, je continue. Si ça échoue, j'apprends." La prudence devient un cadre, pas une excuse.

C comme Contrôler

Au lieu d'immobiliser ton argent, diversifie-le. Mets une partie en sécurité, et une autre en croissance. Tu sécurises ET tu avances.

H comme Habiter

Adopte l'identité de quelqu'un qui fait naviguer son argent. Visualise-toi comme un capitaine de navire, qui ose prendre la mer, qui apprend à affronter les tempêtes au lieu de rester au port.

Les hacks anti-prudence paralysante

1. **Changer ta question.** Au lieu de dire "Et si je perds ?", demande : "Et si je gagne ?"

2. **Limiter la casse.** Prévois toujours un plan B. Ça te permet d'agir sans paniquer.

3. **Observer les exemples.** Regarde autour de toi. Les prudents excessifs stagnent. Les stratégiques avancent.

4. **Te rappeler que la sécurité est une illusion.** Même ton argent à la banque est exposé : inflation, crises, instabilité. Alors autant choisir tes risques plutôt que de les subir.

Quand tu oses enfin lever l'ancre ?

Tu arrêtes d'attendre le bon moment.

Tu apprends en naviguant.

Tu fais de petits pas, mais des pas réels.

Tu comprends que la vraie richesse ne vient pas de "préserver", mais de "développer".

Le récapitulatif

Le Bug du Navire Coulé, c'est croire que la prudence protège. En réalité, elle t'enchaîne. Tu penses éviter les tempêtes, mais tu finis par couler doucement dans le port.

La solution : transformer ta prudence en stratégie. Tester, diversifier, avancer. Accepter de prendre la mer avec intelligence plutôt que de regarder ton navire pourrir.

Le call-to-action

Demande-toi maintenant : **Quel navire est resté au port dans ma vie ?**

Un projet jamais lancé ? Une idée jamais explorée ? Une somme d'argent qui dort ?

Décide aujourd'hui de lever l'ancre. Même un petit mouvement. Parce qu'un navire est fait pour naviguer. Et ton argent, lui, est fait pour croître.

Et prépare-toi, car dans le prochain chapitre, tu vas découvrir le bug le plus perfide de tous : celui qui te fait croire que tu ne vaux pas la richesse.

Tourne la page. Tu es sur le point d'affronter ton plus grand sabotage intérieur.

Chapitre 9 – Bug #7 : L'optimisme qui rend pauvre (Confiance-Loop & chaos en couple)

Pourquoi trop de confiance et les disputes d'argent détruisent tes projets

On croit que l'argent disparaît parce qu'on en manque. Faux.

Souvent, il disparaît parce qu'on est trop sûr de soi. Ou parce qu'on se détruit à deux, dans des disputes où l'argent n'est que le prétexte.

C'est le dernier bug, le plus piégeux : le Confiance-Loop. Trop de confiance, trop d'optimisme, trop de légèreté.

Ajoute à ça la dimension émotionnelle du couple, et tu tiens la recette parfaite du chaos financier.

L'optimisme qui ruine

Tu as sûrement déjà entendu quelqu'un dire :

"Ne t'inquiète pas, ça va s'arranger."

"L'argent, ça se trouve toujours."

"On verra bien."

Ces phrases paraissent rassurantes. En réalité, elles sont toxiques.

Parce qu'elles t'empêchent d'anticiper. Elles t'autorisent à dépenser sans compter. Elles t'offrent une excuse pour ne rien planifier.

Résultat : tu fonces droit dans le mur, avec le sourire.

Cet optimisme qui vous murmure “ne t’inquiète pas, ça va marcher” est l’un des biais cognitifs les plus étudiés et les plus dangereux : le biais d’excès de confiance. Des chercheurs en finance comportementale comme Barber et Odean ont analysé les comptes de dizaines de milliers d’investisseurs et ont prouvé que les personnes les plus confiantes sont souvent celles qui perdent le plus d’argent. Elles prennent trop de risques, ignorent les signaux d’alerte et se retrouvent prises dans ce que j'appelle la "Confiance-Loop".

Exemple concret : Karim et son business éclair

Karim lance une boutique en ligne. **Terrassé par son biais d'excès de confiance**, il croit dur comme fer qu’il va exploser les ventes.

Il investit sans compter dans la publicité, achète du stock énorme, prend même un crédit.

Trois mois plus tard, son site fait des ventes… mais pas assez. La réalité rattrape son optimisme. Les dettes s’accumulent. Son rêve devient un cauchemar.

Ce n’est pas son projet qui l’a coulé. C’est son excès de confiance.

Le Confiance-Loop expliqué

Ton cerveau adore l’optimisme. C’est rassurant, motivant, euphorisant.

Mais il peut te piéger.

Le Confiance-Loop, c'est ce cycle infernal :

1. Tu crois que tout ira bien.
2. Tu prends des décisions sans prudence.
3. Les résultats déçoivent.
4. Tu replonges dans l'optimisme pour te consoler.
5. Et tu recommences.

Tu dépenses trop. Tu promets trop. Tu t'engages trop vite. Et tu t'appauvris.

Quand l'amour devient un champ de bataille

Maintenant, ajoute le facteur couple.

L'argent n'est pas seulement une question de chiffres. C'est une question de valeurs, d'ego, de sécurité.

Tu as peut-être déjà vécu cette scène :

- L'un veut investir, l'autre veut économiser.
- L'un pense "profit", l'autre pense "sécurité".

Résultat : dispute, tension, silence froid au dîner.

Ce n'est pas l'argent qui détruit les couples. Ce sont les non-dits, les déséquilibres et les excès de confiance.

Anecdote : Sarah et Julien

Sarah est prudente, presque trop. Julien, lui, est optimiste. "Ça va marcher, fais-moi confiance."

Il investit leurs économies dans une start-up "prometteuse".

Deux ans plus tard, la boîte fait faillite. Résultat : dettes, rancunes, reproches.

Sarah n'en veut pas seulement à Julien d'avoir perdu l'argent. Elle lui en veut d'avoir imposé sa confiance aveugle sans discussion.

Le couple finit par exploser.

Encore une fois : ce n'est pas l'investissement qui a détruit leur vie. C'est le bug de l'optimisme sans contrôle, combiné au chaos de la communication.

Pourquoi ton cerveau aime trop l'optimisme ?

- **Biais de confirmation.** Tu vois seulement les infos qui confirment ton rêve.

- **Peur de la douleur.** Imaginer l'échec est trop dur. Tu choisis donc d'ignorer le risque.

- **Recherche d'adrénaline.** Ton cerveau adore l'excitation d'un "coup sûr".

- **Égo et identité.** Reconnaître que tu pourrais échouer, c'est trop douloureux pour ton image.

L'optimisme est donc une drogue douce : agréable, mais destructrice.

Le couple : double amplification

Pourquoi les disputes d'argent sont-elles si violentes ? Parce qu'elles touchent à trois zones sensibles :

1. **La sécurité.** Chacun veut se protéger.

2. **Le pouvoir.** L'argent devient une arme de contrôle ou de domination.

3. **La confiance.** Une mauvaise décision fragilise tout le lien.

Si les deux partenaires tombent dans le Confiance-Loop, c'est la catastrophe.

Si l'un est optimiste fou et l'autre hyper-prudent, c'est la guerre.

Comment PATCH neutralise ce bug ?

- **P comme Prendre conscience**
  Reconnais ton excès d'optimisme. Demande-toi : est-ce que mes prévisions reposent sur des faits, ou seulement sur de l'espoir ?

- **A comme Agir avec lucidité**
  Fixe des limites avant de t'engager. Exemple : "Je n'investis pas plus que X euros sans retour concret."

- **T comme Tester**
  Avant de lancer ton grand projet, fais une version pilote. Teste petit, mesure, ajuste.

- **C comme Communiquer (spécial couple)**
  Parle argent sans masque. Fixez ensemble des règles claires : plafond de dépense, plan d'épargne, projet commun.

- **H comme Habiter un équilibre**
  Adopte l'identité de quelqu'un de confiant mais lucide. Tu crois en l'avenir, mais tu refuses d'avancer les yeux bandés.

Hacks anti-Confiance-Loop

- Toujours prévoir un scénario pessimiste. "Et si je me trompe ?"

- Écrire les chiffres. L'optimisme se nourrit de flou. Les chiffres cassent l'illusion.

- Séparer argent perso et pro. Ne mets pas en jeu ton couple pour un projet incertain.

- Calendrier de réalité. Tous les mois, fais le point : résultats réels vs espoirs initiaux.

La bonne dose d'optimisme

L'optimisme n'est pas mauvais en soi. Il te donne l'énergie d'agir. Mais il doit être encadré.

Pense comme un pilote d'avion : confiant, mais toujours attentif aux indicateurs. Tu crois à l'arrivée, mais tu surveilles ton carburant et ta trajectoire.

Le récapitulatif

Le Bug #7, c'est l'optimisme qui appauvrit. Trop de confiance aveugle t'empêche de voir les risques. Ajoute à ça les conflits de couple, et tu obtiens des dettes, des rancunes et des projets détruits.

La solution : combiner confiance et lucidité. Tester avant d'investir gros. Mettre des limites claires. Parler ouvertement d'argent dans le couple.

Le call-to-action

Pose-toi maintenant deux questions puissantes :

- Où est-ce que je suis trop confiant aujourd'hui ?

- Et si mon couple avait un vrai plan d'argent, au lieu de simples discussions improvisées ?

Décide de briser le Confiance-Loop. Mets cartes sur table. Planifie avec lucidité.

Parce que la vraie richesse, ce n'est pas seulement gagner plus. C'est avancer avec confiance ET clarté, seul ou à deux.

Tourne la page. Tu viens de comprendre les 7 bugs qui sabotent ton argent.

La prochaine étape : Apprendre à les neutraliser définitivement en 30 jours.

PARTIE III : Vie PATCHÉE, Vie Décuplée (Le Plan d'Action)

Tu connais maintenant les bugs. Tu as vu comment ils s'infiltrent dans tes décisions, comment ils grignotent ton argent et sabotent tes projets. Tu n'as plus d'excuses.

Mais comprendre n'est pas suffisant. Tu dois agir. C'est ici que tout change.

Cette partie est ton plan de bataille. Ton protocole d'action pour reprogrammer ton cerveau, corriger tes réflexes et reprendre le contrôle de tes finances. Pas demain. Pas "quand tu auras le temps". Maintenant.

Pourquoi cette étape est vitale ?

Si tu arrêtes ta lecture ici, ton cerveau va vite reprendre la main. Tes vieux automatismes reviendront. Les bugs sont patients. Ils attendent la moindre faille pour reprendre le contrôle.

Tu dois donc passer à la pratique. Installer PATCH dans ta vie quotidienne. Transformer les idées en actions concrètes.

C'est comme une cure. Trente jours qui peuvent changer ta trajectoire. Sept semaines pour solidifier tes nouveaux circuits. Une fois appliqué, ce plan devient ton nouvel autopilote.

Ce que tu vas trouver ici

- Une cure express de 30 jours avec des exercices simples mais redoutables.

- Un parcours sur mesure selon ta situation : salarié, entrepreneur, en couple ou endetté.

- Des stratégies pour automatiser tes nouvelles habitudes et ne plus retomber dans les pièges.

Chaque étape est pensée pour être directe, pratique et immédiatement applicable. Pas de théorie inutile, pas de blabla. Juste des actions qui donnent des résultats visibles.

La promesse

À la fin de cette partie, tu ne verras plus ton argent comme avant. Tes décisions seront plus claires, plus rapides, plus efficaces. Tu n'auras plus l'impression de subir. Tu sauras que tu tiens les commandes.

Une vie patchée, c'est une vie décuplée. Plus de liberté. Plus de sérénité. Plus d'opportunités.

Alors prépare-toi. Le plan d'action commence maintenant.

Chapitre 10 : La cure de 30 jours express

7 exercices puissants pour hacker tes biais et reprendre le contrôle

Tu connais maintenant les bugs. Tu sais comment ton cerveau te piège, comment il sabote tes décisions financières sans que tu t'en rendes compte. Mais la connaissance seule ne sert à rien. Si tu n'agis pas, rien ne change.

C'est pour ça que je te propose une cure de 30 jours. Trente jours pour reprendre le contrôle. Trente jours pour rééduquer ton cerveau. Trente jours pour installer PATCH dans ta vie.

Pas de grandes théories. Pas de discours creux. Seulement 7 exercices, simples mais redoutables. Chaque semaine, tu en pratiques un. Au bout d'un mois, tu auras déjà changé ton rapport à l'argent.

Semaine 1 : Le journal des envies

Ton premier exercice est simple : traquer tes envies. Chaque fois que tu ressens l'impulsion d'acheter quelque chose, tu l'écris. Pas sur ton téléphone, pas dans ta tête. Sur un carnet ou une feuille que tu gardes toujours avec toi.

Tu notes trois choses : ce que tu veux acheter, le prix, et la raison que ton cerveau t'a donnée ("j'en ai besoin", "je l'ai mérité", "c'est une promo").

Ce carnet, c'est comme un miroir. Tu vas voir apparaître des schémas. Des envies répétitives. Des justifications absurdes. Et tu réaliseras à quel point ton cerveau t'embrouille pour te pousser à dépenser.

Exemple : Marie, 32 ans, a testé cet exercice. En une semaine, elle a noté 17 envies d'achat. Sur les 17, seules 2 étaient réellement utiles. Résultat : elle a économisé 215 euros dès la première semaine, rien qu'en différant les autres achats.

Ton but, cette semaine, n'est pas d'arrêter d'acheter. C'est de voir. D'attraper le bug en flagrant délit.

Semaine 2 : Le test des 24 heures

Deuxième exercice. Chaque fois que tu veux acheter quelque chose qui n'est pas une nécessité vitale, tu attends 24 heures. Pas d'exception.

Ton cerveau adore l'urgence. Les soldes, les promotions, les offres limitées. Mais 9 fois sur 10, l'envie disparaît le lendemain.

Exemple : Julien, 27 ans, était accro aux sites de shopping en ligne. En appliquant la règle des 24 heures, il a vu que 70 % de ses envies disparaissaient d'elles-mêmes. En un mois, il a réduit ses dépenses de 480 euros.

Cet exercice brise le réflexe immédiat. Il t'apprend à respirer, à laisser passer l'impulsion. C'est une arme redoutable contre le FOMO (Fear Of Missing Out).

Semaine 3 : La règle du double

Troisième exercice : chaque fois que tu veux acheter quelque chose, demande-toi si tu serais prêt à mettre le double de ce prix pour l'avoir.

Si la réponse est non, c'est que l'objet ne vaut pas ton argent.

Exemple : Tu veux acheter une montre à 80 euros. Te demanderais-tu si elle vaut 160 euros ? Si la réponse est "absolument pas", alors ton envie n'est pas une vraie priorité.

Cette règle agit comme un filtre mental. Elle t'oblige à évaluer la valeur réelle de ton achat. Tu vas vite te rendre compte que beaucoup de choses que tu voulais acheter n'ont pas la moindre importance.

Semaine 4 : L'épargne inversée

Quatrième exercice, et peut-être le plus puissant. Chaque fois que tu résistes à une envie d'achat, tu mets le montant que tu aurais dépensé dans une épargne dédiée.

Tu transformes chaque victoire en argent réel. Tu visualises ton nouveau pouvoir.

Exemple : Sarah, 40 ans, avait pour habitude d'acheter un repas à emporter tous les midis. Pendant un mois, elle a résisté 12 fois. Elle a placé l'équivalent de 180 euros sur un compte séparé. À la fin, elle n'avait pas seulement économisé : elle avait la preuve tangible qu'elle contrôlait à nouveau son argent.

Cet exercice renforce ton cerveau. Il transforme chaque non en récompense visible. Et ton cerveau adore les récompenses.

Semaine 5 : Le budget plaisir

Cinquième exercice. Tu crois que reprendre le contrôle, c'est dire non à tout. Faux. Si tu t'interdis tout, ton cerveau va se rebeller.

La solution, c'est le budget plaisir. Tu décides d'une somme fixe chaque mois que tu peux dépenser sans culpabilité. Ce budget devient ta soupape.

Exemple : Marc, 35 ans, a choisi 100 euros par mois comme budget plaisir. Il s'en sert pour un restaurant, un vêtement, ou un petit gadget. Résultat : il se fait plaisir, mais il garde ses finances sous contrôle.

Le budget plaisir équilibre ton plan. Tu arrêtes de subir, tu choisis. Et tu apprends à savourer sans exploser ton compte.

Semaine 6 : Le plan des 3 priorités

Sixième exercice. Tu choisis trois priorités financières claires pour les prochains mois. Pas dix, pas cinq. Trois.

Exemple :

1. Épargner 1 000 euros de sécurité.

2. Rembourser une dette.

3. Préparer un voyage.

Chaque décision d'argent passe désormais par ce filtre : est-ce que ça sert mes priorités ? Si la réponse est non, tu dis non.

Cet exercice recentre ton énergie. Il coupe le bruit. Il transforme chaque dépense en choix stratégique, pas en réaction impulsive.

Semaine 7 : Le contrat de futur toi

Dernier exercice. Tu écris une lettre ou un contrat entre ton "toi du futur" et ton "toi d'aujourd'hui".

Tu y écris noir sur blanc ce que tu attends de toi-même. Par exemple :
"Je m'engage à penser avant de dépenser. Je m'engage à protéger mes priorités. Je m'engage à construire un futur où je n'aurai pas peur d'ouvrir mon compte."

Tu signes. Tu gardes ce contrat là où tu peux le voir souvent. Ton cerveau prend ça comme un engagement réel.

Exemple : Nadia a écrit son contrat et l'a affiché sur son frigo. Chaque fois qu'elle hésitait à commander un repas hors budget, elle tombait dessus. Résultat : son futur elle devenait son garde-fou.

Le récapitulatif

En 30 jours, tu as appliqué 7 exercices.

- Tu as traqué tes envies.
- Tu as appris à attendre 24 heures.
- Tu as testé la règle du double.
- Tu as épargné chaque victoire.
- Tu as instauré un budget plaisir.
- Tu as défini trois priorités.
- Tu as signé un contrat avec ton futur toi.

Chacun de ces exercices a reprogrammé une partie de ton cerveau. Ils t'ont montré que tu peux reprendre le contrôle. Que tu peux dire non.

Que tu peux décider.

Le call-to-action

Maintenant, tu as une nouvelle base. Tu as repris la main. Tu es prêt pour la suite.

Mais ce n'est que le début. Parce que dans les prochains chapitres, on va aller encore plus loin. On va personnaliser ton plan. Que tu sois salarié, entrepreneur, en couple ou endetté, tu auras une feuille de route adaptée.

Tu as déjà goûté au pouvoir de PATCH. Prépare-toi à le vivre en profondeur. Parce que la vraie transformation commence maintenant.

Tableau de suivi — La Cure de 30 Jours Express

Semaine	Objectif principal	Actions concrètes	Suivi
1	Observer tes envies	Noter chaque envie d'achat, identifier le déclencheur, calculer	☐ Jour 1 ☐ Jour 2 ☐ Jour 3 ☐ Jour 4 ☐ Jour 5 ☐ Jour 6 ☐ Jour 7
2	Briser l'impulsion	Appliquer la règle des 24 h, résister à un achat compulsif, noter les économies	☐ Jour 8 ☐ Jour 9 ☐ Jour 10 ☐ Jour 11 ☐ Jour 12 ☐ Jour 13 ☐ Jour 14
3	Tester la valeur réelle	Poser la question "Est-ce que je paierais le double ?", annuler un achat inutile, noter la différence	☐ Jour 15 ☐ Jour 16 ☐ Jour 17 ☐ Jour 18 ☐ Jour 19 ☐ Jour 20 ☐ Jour 21
4	Épargner consciemment	Mettre de côté les montants non dépensés, suivre la croissance de l'épargne inversée, célébrer un succès	☐ Jour 22 ☐ Jour 23 ☐ Jour 24 ☐ Jour 25 ☐ Jour 26 ☐ Jour 27 ☐ Jour 28
5	Redéfinir le plaisir	Fixer un budget plaisir, le respecter sans culpabilité, savourer pleinement	☐ Jour 29 ☐ Jour 30

Checklist — Ton parcours en 30 jours

Semaine 1 : Journal des envies

☐ J'ai noté chaque envie d'achat

☐ J'ai identifié mes déclencheurs

☐ J'ai calculé l'argent évité

Semaine 2 : Test des 24 heures

☐ J'ai appliqué la règle d'attente

☐ J'ai résisté à un achat impulsif

☐ J'ai mesuré mes économies

Semaine 3 : Règle du double

☐ Je me suis demandé "Est-ce que je paierais le double ?"

☐ J'ai annulé un achat inutile

☐ J'ai noté la différence entre envie et besoin

Semaine 4 : Épargne inversée

☐ J'ai mis de côté les montants non dépensés

☐ J'ai observé mon compte grandir

☐ J'ai célébré un succès

Semaine 5 : Budget plaisir

☐ J'ai fixé mon budget plaisir

☐ Je l'ai respecté sans culpabilité

☐ J'ai savouré mes choix

Chapitre 11 : Plans d'action ciblés

Feuilles de route spécifiques pour salariés, entrepreneurs, couples et endettés

Tu as compris tes bugs, tu as appris à les neutraliser. Maintenant, passons au concret. Parce que chacun vit l'argent dans un contexte différent. Tes besoins, tes contraintes et tes erreurs ne sont pas ceux de ton voisin.

Un salarié n'a pas les mêmes pièges mentaux qu'un entrepreneur. Un couple ne gère pas les mêmes tensions qu'une personne seule. Une personne endettée ne peut pas appliquer les mêmes stratégies qu'une personne en excédent.

Dans ce chapitre, je te donne quatre feuilles de route. Elles sont simples, directes et conçues pour que tu passes à l'action dès aujourd'hui.

1. Le salarié : casser le piège du revenu fixe

Si tu es salarié, ton plus grand bug est la **routine sécurisante**. Tu crois que ton salaire régulier est une sécurité, mais en réalité, c'est parfois une prison invisible. Tu t'habitues à dépenser en fonction de ce que tu touches, pas en fonction de ce que tu construis.

Plan d'action :

1. **Fais ton audit en 3 colonnes.** Écris : ce qui est vital, ce qui est plaisir, ce qui est gaspillage. Tu verras où part ton argent.

2. **Automatise l'épargne.** Mets en place un virement automatique dès que ton salaire tombe. Même 5 %, mais sans jamais y toucher.

3. **Investis dans tes compétences.** Chaque mois, consacre une somme fixe à l'apprentissage. Un salarié qui n'évolue pas stagne.

4. **Fixe un objectif clair.** Pas "économiser", mais "mettre 1 000 € de côté d'ici décembre". Ton cerveau réagit mieux aux cibles précises.

Exemple concret :

Sonia, assistante comptable, dépensait tout son salaire chaque mois. En divisant ses dépenses avec la règle des 3 colonnes, elle a identifié qu'elle perdait 180 € en abonnements inutiles. Cet argent, elle l'a redirigé vers un compte épargne automatique. Trois mois plus tard, elle avait déjà 540 € de côté sans effort.

2. L'entrepreneur : dompter le chaos et la surconfiance

Si tu es entrepreneur, ton bug majeur est la **surconfiance**. Tu crois que ton prochain projet rapportera gros, alors tu réinvestis tout. Tu dépenses parfois plus vite que tu ne gagnes. Résultat : stress, dettes, ou montagnes russes financières.

Plan d'action :

1. **Sépare tes comptes.** Ton compte pro n'est pas ton compte perso. Crée deux univers distincts.

2. **Paie-toi un salaire fixe.** Même si tes revenus varient, impose-toi un montant stable chaque mois. Tu sécurises ta vie perso.

3. **Crée un fonds tampon.** Garde au moins 3 mois de charges fixes sur un compte accessible. Ça sauve en période creuse.

4. **Applique la règle 70-20-10.** 70 % pour l'activité, 20 % épargne/placement, 10 % plaisir. Même si tu gagnes peu, commence petit.

Exemple concret :

Karim, freelance en marketing, encaissait des mois à 8 000 € et d'autres à 0. Avant, il flambait tout dans les bons mois. Après avoir mis en place son fonds tampon, il a pu encaisser deux mois creux sans stress. Résultat : plus de sérénité, moins de mauvaises décisions sous pression.

3. Le couple : éviter la guerre froide de l'argent

En couple, l'argent est rarement neutre. Tu crois que vous vous disputez pour une facture, mais en réalité, c'est une question de confiance, de reconnaissance, ou de pouvoir. Le bug ici, c'est le **chaos émotionnel**.

Plan d'action :

1. **Réunion argent une fois par mois.** Sans cris, sans reproches. Juste un moment fixe pour parler chiffres.

2. **Compte commun + comptes perso.** Mets en commun ce qui est vital (loyer, factures, courses), garde chacun un

compte perso pour ta liberté.

3. **Objectif partagé.** Achetez un projet ensemble : un voyage, un apport immobilier, une dette à rembourser. L'argent devient un moteur commun.

4. **Stop aux secrets financiers.** Une dette cachée ou un achat compulsif non assumé détruit la confiance.

Exemple concret :

Julie et Marc se disputaient sans arrêt pour les courses. Julie trouvait que Marc dépensait trop, Marc pensait que Julie contrôlait tout. Ils ont ouvert un compte commun pour les dépenses de base et gardé chacun un compte perso. Résultat : fini les reproches. Ils ont retrouvé la paix.

4. L'endetté : briser le cercle de la honte

Si tu es endetté, ton plus grand bug est la **paralysie par la peur**. Tu évites d'ouvrir tes courriers, tu ignores tes relevés, tu te caches. Mais plus tu ignores, plus les intérêts explosent.

Plan d'action :

1. **Affronte tes chiffres.** Écris noir sur blanc : montant total de tes dettes, taux, mensualités. Tu as besoin d'une photo claire.

2. **Classe tes dettes.** Commence par rembourser la plus petite (effet boule de neige) ou la plus coûteuse en intérêts (effet avalanche). Choisis une stratégie, tiens-la.

3. **Négocie avec tes créanciers.** Les banques préfèrent un plan réaliste qu'un défaut de paiement.

4. **Stoppe l'hémorragie.** Gèle ta carte de crédit, ferme tes crédits revolving. Tant que la fuite continue, tu n'avances pas.

5. **Célèbre chaque victoire.** Chaque dette fermée est une liberté retrouvée.

Exemple concret :

Amine avait 12 000 € de dettes réparties en 5 crédits. Il était paralysé, il n'osait même plus répondre aux appels. En attaquant d'abord la plus petite dette de 600 €, il a ressenti un choc psychologique positif. Deux mois plus tard, il en avait déjà remboursé deux. Sa confiance est revenue, son plan est devenu réaliste.

Récapitulatif

- **Salarié** : sécurise, automatise, évolue.

- **Entrepreneur** : discipline, fonds tampon, séparation pro/perso.

- **Couple** : communication, transparence, objectifs partagés.

- **Endetté** : clarté, stratégie, victoire psychologique.

Chaque feuille de route est adaptée à ton contexte. Mais toutes reposent sur la même idée : **reprendre le contrôle en agissant avec méthode**.

Call-to-action

Ton futur financier ne dépend pas de ta situation actuelle, mais de la façon dont tu agis dès maintenant. Choisis la feuille de route qui correspond à ton profil, applique-la sans attendre, et observe les premiers résultats.

Ta vie financière n'est pas figée. Avec ces plans d'action ciblés, tu as désormais une carte précise pour sortir du brouillard et avancer plus vite que tu ne l'imagines.

La suite ? Transformer ces victoires en habitudes permanentes.

Ton plan d'action visuel

Tu as maintenant lu les stratégies adaptées à chaque profil.

Voici une synthèse claire pour que tu puisses garder le cap.

Commence par observer le tableau, puis passe à la checklist pratique pour enclencher le changement dès aujourd'hui.

Tableau — Plans d'action ciblée

Profil	Bug majeur	Actions clés	Résultats attendus
Salarié	Routine sécurisante, dépendance au revenu fixe	- Audit en 3 colonnes- Épargne automatique- Investissement en compétences- Objectif précis	Plus d'épargne, progression professionnelle, autonomie
Entrepreneur	Surconfiance, confusion pro/perso, montagnes russes	- Comptes séparés- Salaire fixe- Fonds tampon- Règle 70-20-10	Stabilité financière, sérénité, croissance durable
Couple	Disputes et chaos émotionnel autour de l'argent	- Réunion mensuelle- Compte commun + comptes perso- Objectif partagé- Transparence totale	Moins de conflits, complicité renforcée, vision commune
Endetté	Paralysie par la peur, honte, fuite des chiffres	- Affronter ses dettes- Stratégie boule de neige ou avalanche- Négociation- Stopper les crédits	Libération progressive, confiance retrouvée, contrôle

Maintenant que tu as la carte (tableau), voici ton kit pratique pour passer à l'action dès aujourd'hui (checklist).

Checklist rapide à cocher

Coche chaque étape réalisée et avance sans retour en arrière.

Salarié

☐ J'ai fait l'audit de mes revenus et dépenses

☐ J'ai mis en place une épargne automatique

☐ J'ai choisi une compétence à renforcer

☐ J'ai défini un objectif financier clair

Entrepreneur

☐ J'ai séparé mes comptes pro et perso

☐ Je me verse un salaire fixe chaque mois

☐ J'ai créé un fonds tampon équivalent à 3 mois de charges

☐ J'applique la règle 70-20-10

Couple

☐ Nous avons fixé une réunion mensuelle argent

☐ Nous avons ouvert un compte commun et gardé nos comptes perso

☐ Nous avons choisi un objectif commun clair

☐ Nous avons posé la règle de transparence totale

Endetté

☐ J'ai listé toutes mes dettes avec les montants exacts

☐ J'ai choisi une méthode (boule de neige ou avalanche)

☐ J'ai contacté mes créanciers pour négocier

☐ J'ai arrêté tout nouveau crédit

Chapitre 12 : L'art de l'argent apaisé

Comment automatiser, mesurer et pérenniser vos nouvelles habitudes sans retomber dans les vieux pièges

Tu viens de passer en revue les bugs invisibles, les pièges du cerveau et les stratégies de débogage. Tu as compris pourquoi tu prenais de mauvaises décisions avec ton argent. Tu as vu comment reprogrammer ton esprit pour agir différemment. Mais il reste un défi majeur.

Tenir dans le temps.

La plupart des gens ne tombent pas à cause d'un manque de connaissances. Ils chutent parce qu'ils replongent dans leurs vieilles habitudes. Ils perdent leur vigilance, se relâchent, et sans même s'en rendre compte, ils glissent à nouveau vers le découvert, les achats impulsifs et les dettes.

Ce chapitre est ton antidote. Tu vas apprendre à installer un **système qui fait le travail à ta place**. Plus besoin de compter uniquement sur ta volonté. Tu vas automatiser, mesurer et verrouiller tes progrès. Tu vas enfin goûter à l'argent apaisé.

Pourquoi viser l'argent apaisé ?

L'argent apaisé, c'est l'état où tes finances roulent toutes seules. Tu sais où va ton argent. Tu n'as plus à stresser chaque fin de mois. Tu gardes tes objectifs en ligne de mire sans effort permanent. Tu ne dépends pas de la motivation du moment.

Imagine un train lancé sur ses rails. Il avance sans que tu aies à pousser. Tu poses le cadre, tu surveilles les indicateurs, et le système fait le reste. C'est exactement ce que tu vas construire.

Étape 1 — Automatise tout ce qui peut l'être

Ton cerveau adore gaspiller de l'énergie sur des micro-décisions. Chaque fois que tu te demandes "Est-ce que je transfère 100 euros vers mon épargne ?" ou "Est-ce que je paie cette facture maintenant ou plus tard ?", tu laisses une porte ouverte aux bugs.

Ferme cette porte en automatisant :

- **Épargne automatique** : programme un virement fixe le lendemain de ton salaire. Même 5 % au début.

- **Paiement des factures** : mets-les en prélèvement automatique pour ne plus y penser.

- **Investissement programmé** : choisis un montant mensuel, fixe une date et laisse les intérêts composés travailler.

Exemple : Clara, 32 ans, juriste, avait toujours du mal à mettre de côté. Elle se disait "je le ferai à la fin du mois si je peux". Résultat : il ne restait jamais rien. Dès qu'elle a mis en place un virement automatique de 150 euros le lendemain de son salaire, son épargne a enfin commencé à croître. Après 18 mois, elle avait plus de 2 700 euros sans y penser.

Automatiser, c'est transformer ton argent en pilote automatique.

Étape 2 — Mesure pour rester éveillé

Tu ne peux pas améliorer ce que tu ne mesures pas. Ton cerveau est un maître de l'oubli sélectif. Il minimise tes dépenses et maximise ton impression de "je gère".

La réalité, ce sont les chiffres.

Voici trois outils simples :

- **Tableau de bord mensuel** : note tes revenus, tes dépenses, ton épargne et tes dettes. Pas besoin d'un logiciel compliqué. Un tableau Excel suffit.

- **Indicateur phare** : choisis un chiffre que tu veux suivre. Exemple : ton taux d'épargne, ton solde de dettes ou ton capital investi.

- **Bilan trimestriel** : tous les trois mois, prends une heure pour relire ton tableau. Note tes progrès, corrige tes dérives, ajuste tes objectifs.

Exemple : Karim, chauffeur de taxi, avait toujours l'impression d'avoir "un peu plus de clients ce mois-ci". Mais quand il a noté chaque revenu et chaque dépense sur un tableau simple, il a réalisé qu'il dépensait 300 euros par mois en repas rapides et cafés. Une fois conscient, il a réduit à 150 euros, et a placé la différence sur son épargne.

Mesurer, c'est garder les yeux ouverts.

Étape 3 — Crée des garde-fous

Tu ne peux pas te fier à ta mémoire. Ton cerveau est trop doué pour t'inventer des excuses. Il te dira "tu épargnes déjà assez", "cette dépense est exceptionnelle", "ce n'est pas grave si tu décales ce mois-ci".

Pour éviter ça, mets en place des garde-fous externes :

- **Alertes bancaires** : active les notifications sur ton solde et tes dépenses.

- **Rendez-vous argent** : fixe-toi un moment précis chaque mois pour vérifier tes comptes. Comme un entretien avec ton futur toi.

- **Partenaire de responsabilité** : choisis une personne de confiance. Partage tes objectifs et ton suivi. Le simple fait de savoir que tu devras rendre des comptes change ton comportement.

Exemple : Julie et son mari ont instauré un "dîner budget" chaque dernier vendredi du mois. Pizza à table, relevés bancaires à la main. Résultat : en un an, ils ont remboursé 8 000 euros de dettes et évité des disputes interminables.

Les garde-fous sont ta ceinture de sécurité mentale.

Étape 4 — Anticipe les rechutes

Tu vas rechuter. Pas une fois. Plusieurs fois. Un achat impulsif. Un mois où tu oublies ton tableau de bord. Un objectif trop ambitieux abandonné. C'est normal.

Ce qui compte, ce n'est pas la rechute. C'est la manière dont tu rebondis.

Prépare ton plan B :

- Quand tu dérapes, écris immédiatement ce qui s'est passé.

- Demande-toi : "Quel bug mental m'a piégé ?"

- Corrige ton système. Exemple : si tu as craqué sur un achat en ligne, mets un blocage de carte virtuelle ou supprime l'appli de ton téléphone.

Chaque rechute devient un apprentissage.

Étape 5 — Célèbre les victoires

Ton cerveau adore les récompenses. Si tu ignores tes progrès, il perd l'envie de continuer.

Célèbre intelligemment :

- Fixe-toi des paliers (500 euros d'épargne, première dette effacée, 3 mois consécutifs sans découvert).

- À chaque palier atteint, accorde-toi une petite récompense contrôlée. Pas un nouveau crédit, évidemment. Mais un dîner, une sortie, un livre.

- Rappelle-toi d'où tu viens. Relis ton tableau du premier mois. Compare avec aujourd'hui.

Célébrer, c'est renforcer le cercle vertueux.

Le cercle de l'argent apaisé

Automatiser, mesurer, protéger, rebondir, célébrer. Voilà ton cercle. Tu n'as plus besoin de lutter contre ton cerveau chaque jour. Tu as un système qui roule. Tu avances sans effort. Tu construis ta liberté financière sur des bases solides.

Récapitulatif actionnable

- Automatise tes virements, tes factures, tes investissements.
- Mesure tes flux chaque mois, fixe un indicateur phare.
- Installe des garde-fous : alertes, rendez-vous, partenaire de responsabilité.
- Prépare ton plan B pour gérer les rechutes.
- Célèbre chaque palier pour entretenir la motivation.

Call-to-action

Ton argent n'a pas besoin d'être une source de stress. Tu peux en faire une force tranquille. Mets en place ton pilote automatique aujourd'hui. Crée ton tableau de bord ce soir. Fixe ton premier rendez-vous argent cette semaine.

Chaque jour où tu repousses, tu nourris tes vieux bugs. Chaque jour où tu avances, tu renforces ton argent apaisé.

Tourne la page. Le prochain niveau t'attend.

Si tu continues à gérer ton argent au feeling, tu finiras toujours piégé. Mets en place ton système maintenant et ferme la porte aux vieux pièges.

Tableau — Les 5 piliers de l'argent apaisé

Pilier	Action clé	Effet concret
Automatiser	Virements épargne, factures, investissements programmés	Tu avances sans réfléchir, régularité garantie
Mesurer	Tableau de bord mensuel, indicateur phare, bilan trimestriel	Tu gardes les yeux ouverts, tu corriges vite
Garde-fous	Alertes bancaires, rendez-vous argent, partenaire de responsabilité	Tu évites les dérives et tu restes engagé
Rebondir	Identifier le bug lors d'une rechute, ajuster ton système	Chaque erreur devient un apprentissage
Célébrer	Récompenses contrôlées à chaque palier atteint	Tu renforces la motivation et la discipline

Checklist rapide à cocher

☐ J'ai programmé un virement automatique vers mon épargne

☐ Mes factures sont réglées en prélèvement automatique

☐ J'ai choisi un investissement programmé régulier

☐ J'ai créé un tableau de bord simple pour mes finances

☐ J'ai défini un indicateur phare à suivre

☐ Je fais un bilan tous les 3 mois

☐ J'ai activé les alertes bancaires sur mon compte

☐ J'ai fixé un rendez-vous mensuel avec moi-même (ou mon couple)

☐ J'ai choisi un partenaire de responsabilité

☐ J'ai écrit un plan B en cas de rechute

☐ J'ai identifié une petite récompense pour chaque palier atteint

Ce tableau est la **carte de ton argent apaisé**.

La checklist est ton **kit pratique pour verrouiller tes progrès**.

Une fois ces cases cochées, tu ne dépends plus de la volonté. Tu as un système qui roule, même quand tu dors.

Conclusion : Votre cerveau 2.0

Tu as commencé ce livre en pensant avoir un problème d'argent. Trop de dépenses. Pas assez d'épargne. Des dettes qui te pèsent. Des projets qui n'avancent pas.

Mais la vérité est plus profonde : tu n'avais pas un problème d'argent.

Tu avais un problème de logiciel mental.

Ton cerveau, malgré toute sa puissance, tournait avec des bugs invisibles. Ces 7 bugs sabotaient tes décisions, créaient des illusions, amplifiaient tes peurs et te poussaient à répéter les mêmes erreurs. Tu pensais que c'était toi le problème. En réalité, c'était ton programme interne.

Et désormais ? Tu viens d'installer ton **Cerveau 2.0**.

Un système où l'argent n'est plus une source de stress, mais un outil.

Un système où tu prends des décisions lucides, alignées, stratégiques.

Un système où tu ne joues plus petit, mais où tu choisis consciemment tes batailles.

Regarde bien : rien n'a changé à l'extérieur. Ton salaire est le même. Tes factures existent toujours. Tes opportunités n'ont pas soudainement explosé.

Et pourtant, tout a changé.

Parce que le centre de commande — ton esprit — est désormais reprogrammé.

Avec les exercices, les feuilles de route et les plans d'action que tu as entre les mains, tu as une arme que la plupart des gens n'auront jamais : la capacité de voir clair dans leurs propres illusions financières.

Tu peux désormais dire stop à l'auto-sabotage.

Tu peux choisir de bâtir un système solide, calme et efficace.

Tu peux décider que ton argent travaille pour toi, au lieu de courir toute ta vie derrière lui.

Alors, la vraie question est simple : que vas-tu faire maintenant ?

Vas-tu refermer ce livre et passer à autre chose, comme si tu n'avais rien appris ?

Ou vas-tu appliquer, dès aujourd'hui, ton nouveau logiciel mental ?

L'argent n'est pas une fin. C'est un amplificateur.
Il amplifie ta clarté ou ta confusion.
Il amplifie ton courage ou ta peur.
Il amplifie ta discipline ou ton chaos.

Avec ton cerveau 2.0, tu tiens enfin la manette.

C'est toi qui décides de l'histoire que tu veux écrire.

Ne laisse pas les bugs du passé revenir te hanter.
Avance.
Applique.
Répare.
Construis.

Parce que, rappelle-toi : **tu n'avais pas un problème d'argent. Tu avais un problème de logiciel mental. Et ce logiciel, tu viens de le patcher.**

Le reste ? Ce n'est plus qu'une question de temps avant que ta réalité financière se transforme.

Note de l'auteur

Si tu es arrivé jusqu'ici, je veux te dire une chose simple : bravo.

Pas pour m'avoir lu, mais pour t'être lu toi-même. Ce livre n'était pas un roman, c'était un miroir. Et tu as eu le courage de le regarder en face.

Je n'ai pas écrit ces pages pour donner des leçons. Je les ai écrites parce que moi aussi, j'ai connu les pièges, les bugs, les angoisses liées à l'argent. Moi aussi, j'ai dépensé pour combler, j'ai repoussé pour éviter, j'ai comparé pour me sentir exister.

Et je sais une chose : on avance seulement quand on arrête de se mentir.

Alors, si ce livre t'a aidé à mettre des mots sur tes mécanismes, si tu as décidé de reprendre le contrôle, alors la boucle est bouclée.

N'attends pas un grand soir. N'espère pas une solution magique. Commence petit. Continue chaque jour. Et souviens-toi : la discipline finit toujours par battre la tentation.

Je te souhaite de marcher vers un argent apaisé. Pas pour impressionner qui que ce soit. Pas pour accumuler sans fin. Mais pour te sentir libre.

Et si, un jour, tu sens que les vieux réflexes reviennent, rouvre ce livre. Relis un chapitre. Rappelle-toi que tu n'es pas seul et que ton cerveau n'est plus aux commandes.

Merci d'avoir partagé ce chemin avec moi.

Le reste de l'histoire t'appartient.

- **Ed Merid** -

www.ingramcontent.com/pod-product-compliance
Lightning Source LLC
LaVergne TN
LVHW010839051026
849532LV00007B/2756